# 在慶祝香港回歸祖國二十五周年大會
# 暨香港特別行政區第六屆政府
# 就職典禮上的講話

（2022 年 7 月 1 日）

## 習 近 平

書　　名　　在慶祝香港回歸祖國二十五周年大會

　　　　　　暨香港特別行政區第六屆政府就職典禮上的講話

著　　者　　習近平

出　　版　　三聯書店（香港）有限公司

　　　　　　香港北角英皇道 499 號北角工業大廈 20 樓

發　　行　　香港聯合書刊物流有限公司

　　　　　　香港新界荃灣德士古道 220-248 號 16 樓

印　　刷　　美雅印刷製本有限公司

　　　　　　香港九龍觀塘榮業街 6 號 4 樓 A 室

版　　次　　2022 年 7 月香港第一版第一次印刷

　　　　　　2022 年 7 月香港第一版第五次印刷

規　　格　　16 開（170 mm × 240 mm）16 面

國際書號　　ISBN 978-962-04-5061-7

# 在慶祝香港回歸祖國二十五周年大會暨香港特別行政區第六屆政府就職典禮上的講話

（2022 年 7 月 1 日）

習 近 平

同胞們，朋友們：

今天，我們在這裏隆重集會，慶祝香港回歸祖國二十五周年，舉行香港特別行政區第六屆政府就職典禮。

首先，我向全體香港居民，致以誠摯的問候！向新就任的香港特別行政區第六任行政長官李家超先生，向香港特別行政區第六屆政府主要官員、行政會議成員，表示熱烈

的祝賀！向支持「一國兩制」事業、支持香港繁榮穩定的海內外同胞和國際友人，表示衷心的感謝！

中華民族五千多年的文明史，記載着華夏先民在嶺南這片土地上的辛勤耕作。鴉片戰爭以後的中國近代史，記載着香港被迫割讓的屈辱，更記載着中華兒女救亡圖存的抗爭。中國共產黨團結帶領人民進行的波瀾壯闊的百年奮鬥史，記載着香港同胞作出的獨特而重要的貢獻。有史以來，香港同胞始終同祖國風雨同舟、血脈相連。

香港回歸祖國，開啟了香港歷史新紀元。二十五年來，在祖國全力支持下，在香港特別行政區政府和社會各界共同努力下，「一國兩制」實踐在香港取得舉世公認的成功。

——回歸祖國後，香港在國家改革開放

的壯闊洪流中，敢為天下先，敢做弄潮兒，發揮連接祖國內地同世界各地的重要橋樑和窗口作用，為祖國創造經濟長期平穩快速發展的奇跡作出了不可替代的貢獻。香港積極融入國家發展大局、對接國家發展戰略，繼續保持高度自由開放、同國際規則順暢銜接的優勢，在構建我國更大範圍、更寬領域、更深層次對外開放新格局中發揮着重要功能。香港同內地交流合作領域全面拓展、機制不斷完善，香港同胞創業建功的舞臺越來越寬廣。

——回歸祖國後，香港戰勝各種風雨挑戰，穩步前行。無論是國際金融危機、新冠肺炎疫情，還是一些劇烈的社會動盪，都沒有阻擋住香港行進的腳步。二十五年來，香港經濟蓬勃發展，國際金融、航運、貿易中心地位穩固，創新科技產業迅速興起，自由

開放雄冠全球，營商環境世界一流，包括普通法在內的原有法律得到保持和發展，各項社會事業全面進步，社會大局總體穩定。香港作為國際大都會的勃勃生機令世界為之讚歎。

——回歸祖國後，香港同胞實現當家作主，實行「港人治港」、高度自治，香港真正的民主由此開啟。二十五年來，以憲法和基本法為基礎的特別行政區憲制秩序穩健運行，中央全面管治權得到落實，特別行政區高度自治權正確行使。制定香港國安法，建立在香港特別行政區維護國家安全的制度規範，修改完善香港選舉制度，確保了「愛國者治港」原則得到落實。香港特別行政區的民主制度符合「一國兩制」方針，符合香港憲制地位，有利於維護香港居民民主權利，有利於保持香港繁榮穩

定，展現出光明的前景。

同胞們、朋友們！

「一國兩制」是前無古人的偉大創舉。「一國兩制」的根本宗旨是維護國家主權、安全、發展利益，保持香港、澳門長期繁榮穩定。中央政府所做的一切，都是為了國家好，為了香港、澳門好，為了港澳同胞好。在慶祝香港回歸祖國二十周年大會上，我曾經講過，中央貫徹「一國兩制」方針堅持兩點，一是堅定不移，確保不會變、不動搖；二是全面準確，確保不走樣、不變形。今天，我要再次強調，「一國兩制」是經過實踐反覆檢驗了的，符合國家、民族根本利益，符合香港、澳門根本利益，得到十四億多祖國人民鼎力支持，得到香港、澳門居民一致擁護，也得到國際社會普遍贊同。這樣的好制度，沒有任何理由改變，必須長期堅持！

同胞們、朋友們！

溫故知新，鑒往知來。「一國兩制」在香港的豐富實踐給我們留下很多寶貴經驗，也留下不少深刻啟示。二十五年的實踐告訴我們，只有深刻理解和準確把握「一國兩制」的實踐規律，才能確保「一國兩制」事業始終朝着正確的方向行穩致遠。

**第一，必須全面準確貫徹「一國兩制」方針。**「一國兩制」方針是一個完整的體系。維護國家主權、安全、發展利益是「一國兩制」方針的最高原則，在這個前提下，香港、澳門保持原有的資本主義制度長期不變，享有高度自治權。社會主義制度是中華人民共和國的根本制度，中國共產黨領導是中國特色社會主義最本質的特徵，特別行政區所有居民應該自覺尊重和維護國家的根本制度。全面準確貫徹「一國兩制」方針將為

香港、澳門創造無限廣闊的發展空間。「一國」原則愈堅固,「兩制」優勢愈彰顯。

**第二,必須堅持中央全面管治權和保障特別行政區高度自治權相統一**。香港回歸祖國,重新納入國家治理體系,建立起以「一國兩制」方針為根本遵循的特別行政區憲制秩序。中央政府對特別行政區擁有全面管治權,這是特別行政區高度自治權的源頭,同時中央充分尊重和堅定維護特別行政區依法享有的高度自治權。落實中央全面管治權和保障特別行政區高度自治權是統一銜接的,也只有做到這一點,才能夠把特別行政區治理好。特別行政區堅持實行行政主導體制,行政、立法、司法機關依照基本法和相關法律履行職責,行政機關和立法機關既互相制衡又互相配合,司法機關依法獨立行使審判權。

第三，必須落實「愛國者治港」。政權必須掌握在愛國者手中，這是世界通行的政治法則。世界上沒有一個國家、一個地區的人民會允許不愛國甚至賣國、叛國的勢力和人物掌握政權。把香港特別行政區管治權牢牢掌握在愛國者手中，這是保證香港長治久安的必然要求，任何時候都不能動搖。守護好管治權，就是守護香港繁榮穩定，守護七百多萬香港居民的切身利益。

第四，必須保持香港的獨特地位和優勢。中央處理香港事務，從來都從戰略和全局高度加以考量，從來都以國家和香港的根本利益、長遠利益為出發點和落腳點。香港的根本利益同國家的根本利益是一致的，中央政府的心同香港同胞的心也是完全連通的。背靠祖國、聯通世界，這是香港得天獨厚的顯著優勢，香港居民很珍視，中央同樣

很珍視。中央政府完全支持香港長期保持獨特地位和優勢，鞏固國際金融、航運、貿易中心地位，維護自由開放規範的營商環境，保持普通法制度，拓展暢通便捷的國際聯繫。中央相信，在全面建設社會主義現代化國家、實現中華民族偉大復興的歷史進程中，香港必將作出重大貢獻。

同胞們、朋友們！

在中國人民和中華民族迎來從站起來、富起來到強起來的偉大飛躍中，香港同胞從未缺席。當前，香港正處在從由亂到治走向由治及興的新階段，未來五年是香港開創新局面、實現新飛躍的關鍵期。機遇和挑戰並存，機遇大於挑戰。中央政府和香港社會各界人士對新一屆特別行政區政府寄予厚望，全國各族人民對香港滿懷祝福。在這裏，我提出四點希望。

**第一，着力提高治理水平。**完善治理體系、提高治理能力、增強治理效能，是把香港特別行政區建設好、發展好的迫切需要。行政長官和特別行政區政府是香港的當家人，也是治理香港的第一責任人。要忠實履行誓言，以實際行動貫徹「一國兩制」方針，維護基本法權威，為香港特別行政區竭誠奉獻。要按照德才兼備的標準選賢任能，廣泛吸納愛國愛港立場堅定、管治能力突出、熱心服務公眾的優秀人才進入政府。要提升國家觀念和國際視野，從大局和長遠需要出發積極謀劃香港發展。要轉變治理理念，把握好政府和市場的關係，把有為政府同高效市場更好結合起來。要加強政府管理，改進政府作風，樹立敢於擔當、善作善成新風尚，展現良政善治新氣象。

　　**第二，不斷增強發展動能。**香港地位特

殊，條件優良，發展空間十分廣闊。中央全力支持香港抓住國家發展帶來的歷史機遇，主動對接「十四五」規劃、粵港澳大灣區建設和「一帶一路」高質量發展等國家戰略。中央全力支持香港同世界各地展開更廣泛、更緊密的交流合作，吸引滿懷夢想的創業者來此施展抱負。中央全力支持香港積極穩妥推進改革，破除利益固化藩籬，充分釋放香港社會蘊藏的巨大創造力和發展活力。

**第三，切實排解民生憂難**。「享天下之利者，任天下之患；居天下之樂者，同天下之憂。」我說過，人民對美好生活的嚮往，就是我們的奮鬥目標。當前，香港最大的民心，就是盼望生活變得更好，盼望房子住得更寬敞一些、創業的機會更多一些、孩子的教育更好一些、年紀大了得到的照顧更好一些。民有所呼，我有所應。新一屆特別行政

區政府要務實有為、不負人民，把全社會特別是普通市民的期盼作為施政的最大追求，拿出更果敢的魄力、更有效的舉措破難而進，讓發展成果更多更公平惠及全體市民，讓每位市民都堅信，只要辛勤工作，就完全能夠改變自己和家人的生活。

**第四，共同維護和諧穩定。**香港是全體居民的共同家園，家和萬事興。經歷了風風雨雨，大家痛感香港不能亂也亂不起，更深感香港發展不能再耽擱，要排除一切干擾聚精會神謀發展。香港居民，不管從事甚麼職業、信奉甚麼理念，只要真心擁護「一國兩制」方針，只要熱愛香港這個家園，只要遵守基本法和特別行政區法律，都是建設香港的積極力量，都可以出一份力、作一份貢獻。希望全體香港同胞大力弘揚以愛國愛港為核心、同「一國兩制」方針相適應的主流

價值觀，繼續發揚包容共濟、求同存異、自強不息、善拚敢贏的優良傳統，共同創造更加美好的生活。

我們還要特別關心關愛青年人。青年興，則香港興；青年發展，則香港發展；青年有未來，則香港有未來。要引領青少年深刻認識國家和世界發展大勢，增強民族自豪感和主人翁意識。要幫助廣大青年解決學業、就業、創業、置業面臨的實際困難，為他們成長成才創造更多機會。我們殷切希望，每一個香港青年都投身到建設美好香港的行列中來，用火熱的青春書寫精彩的人生。

同胞們、朋友們！

「願將黃鶴翅，一借飛雲空。」中華民族偉大復興已經進入不可逆轉的歷史進程。推進「一國兩制」在香港的成功實踐是這一歷史進程的重要組成部分。我們堅信，有偉大

祖國的堅定支持，有「一國兩制」方針的堅實保障，在實現我國第二個百年奮鬥目標的新征程上，香港一定能夠創造更大輝煌，一定能夠同祖國人民一道共享中華民族偉大復興的榮光！